Juguetes Tradicionales

HERBER OLIDEN

SALTAR LA CUERDA

PAPAGAYO

MUÑECA DE TRAPO

BICICLETA

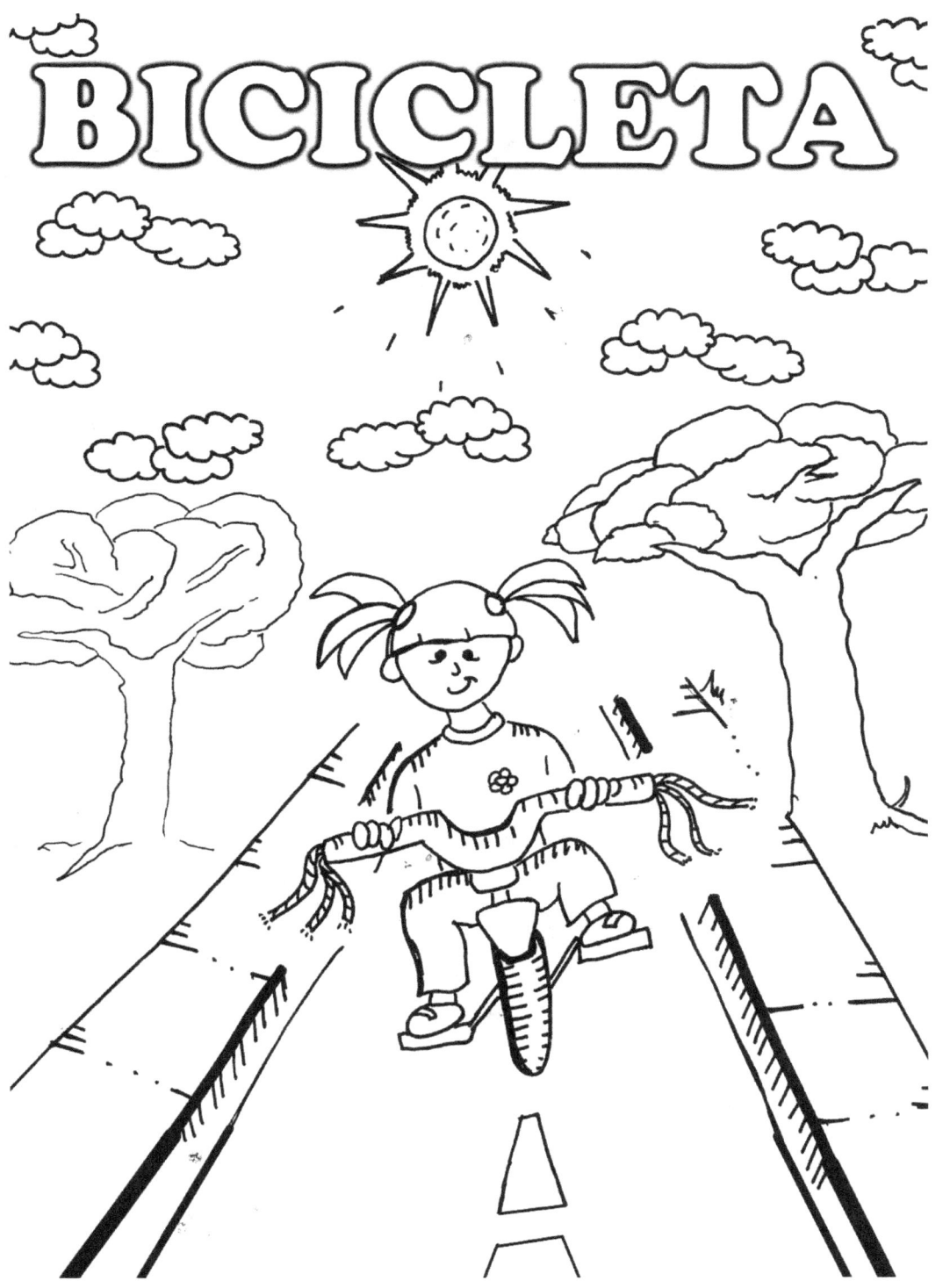

METRAS

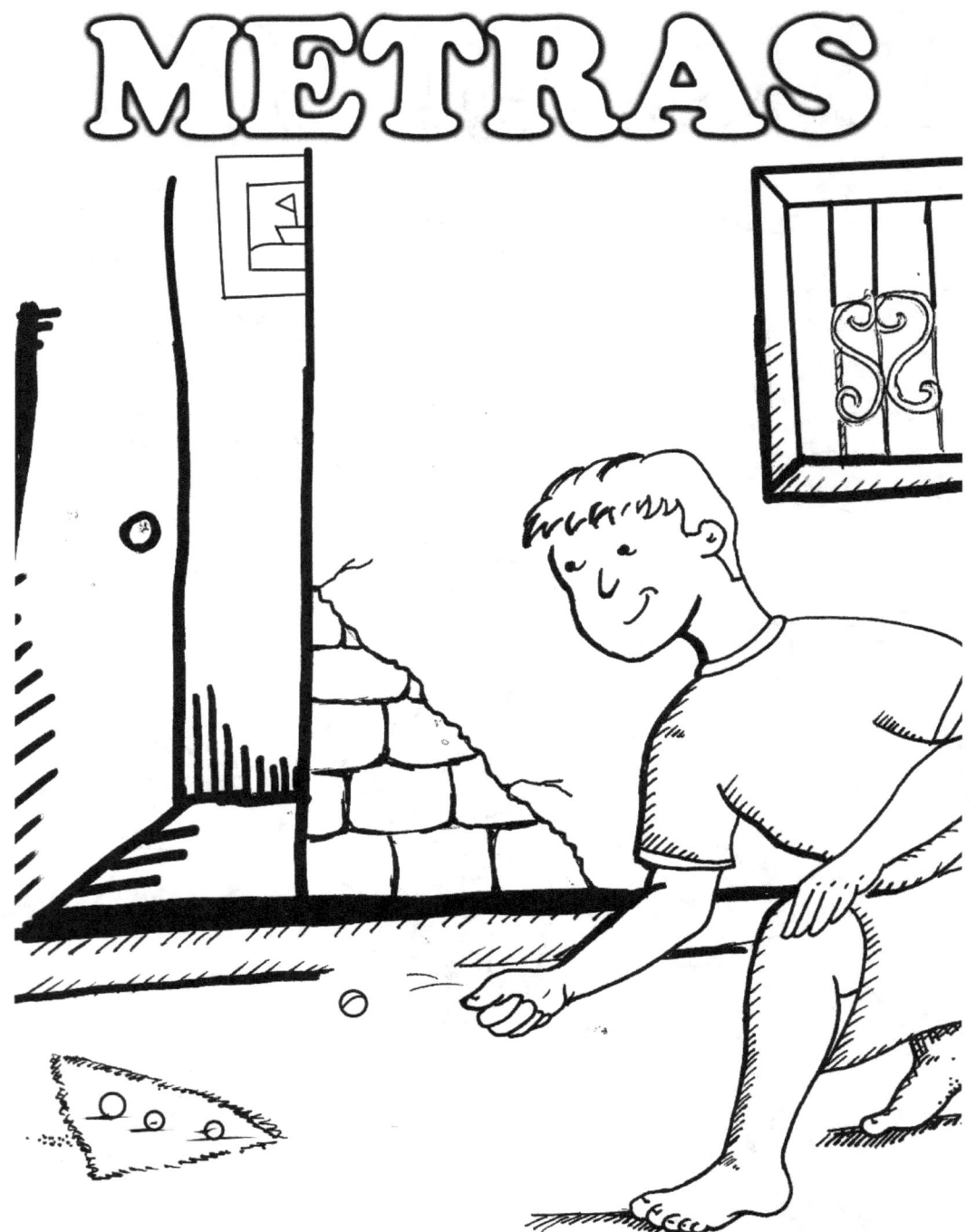

GURRUFÍO

TROMPO

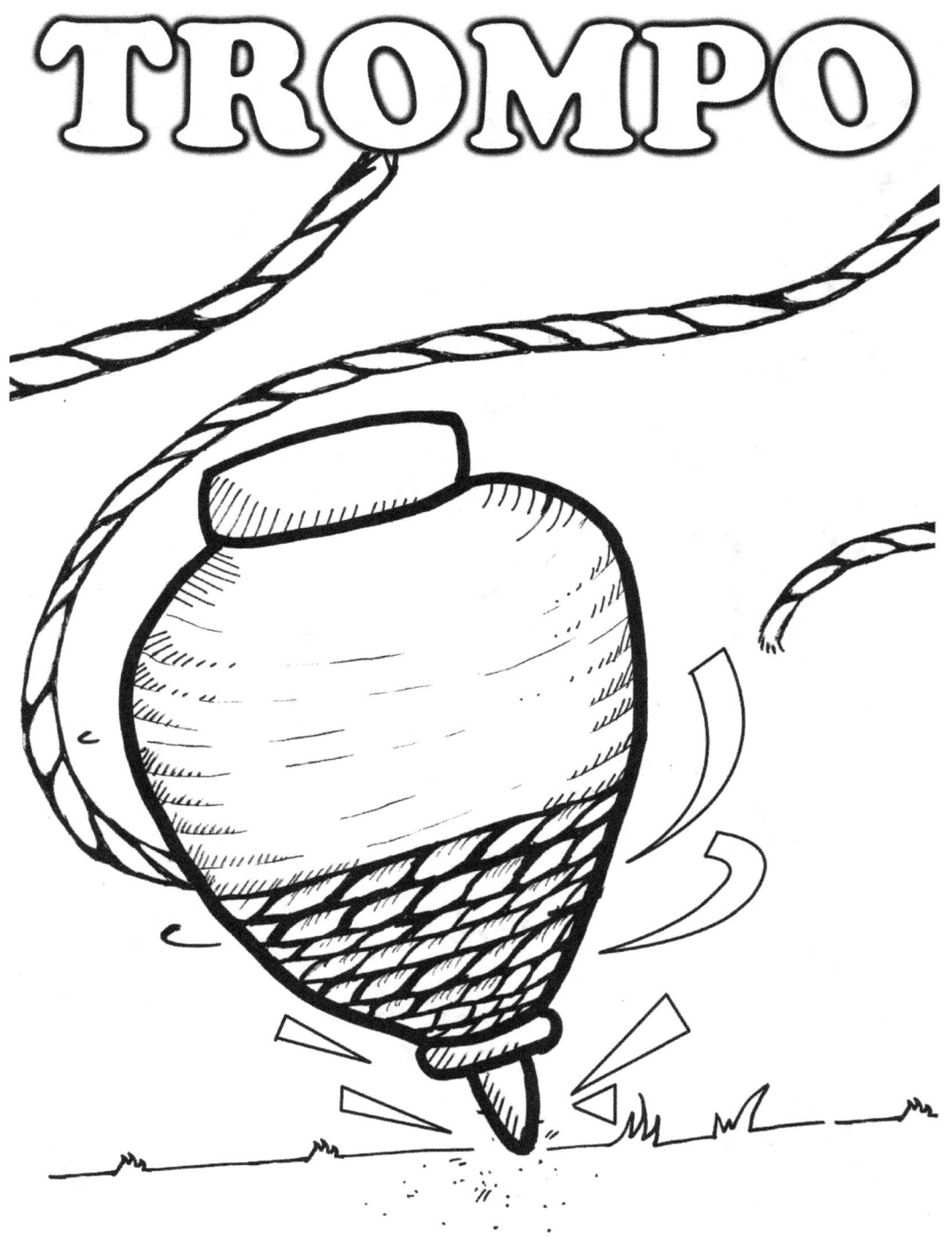

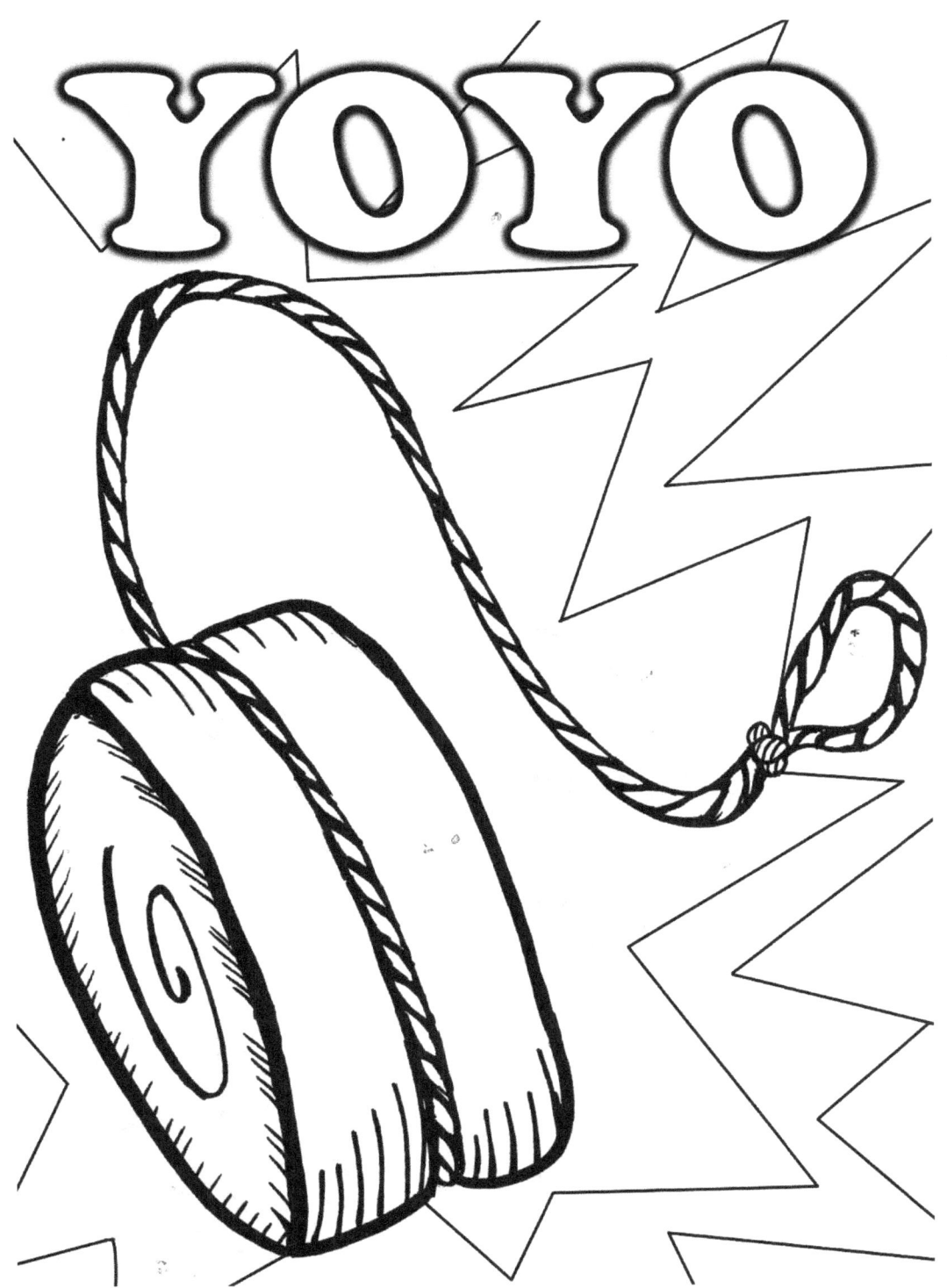

PERINOLA

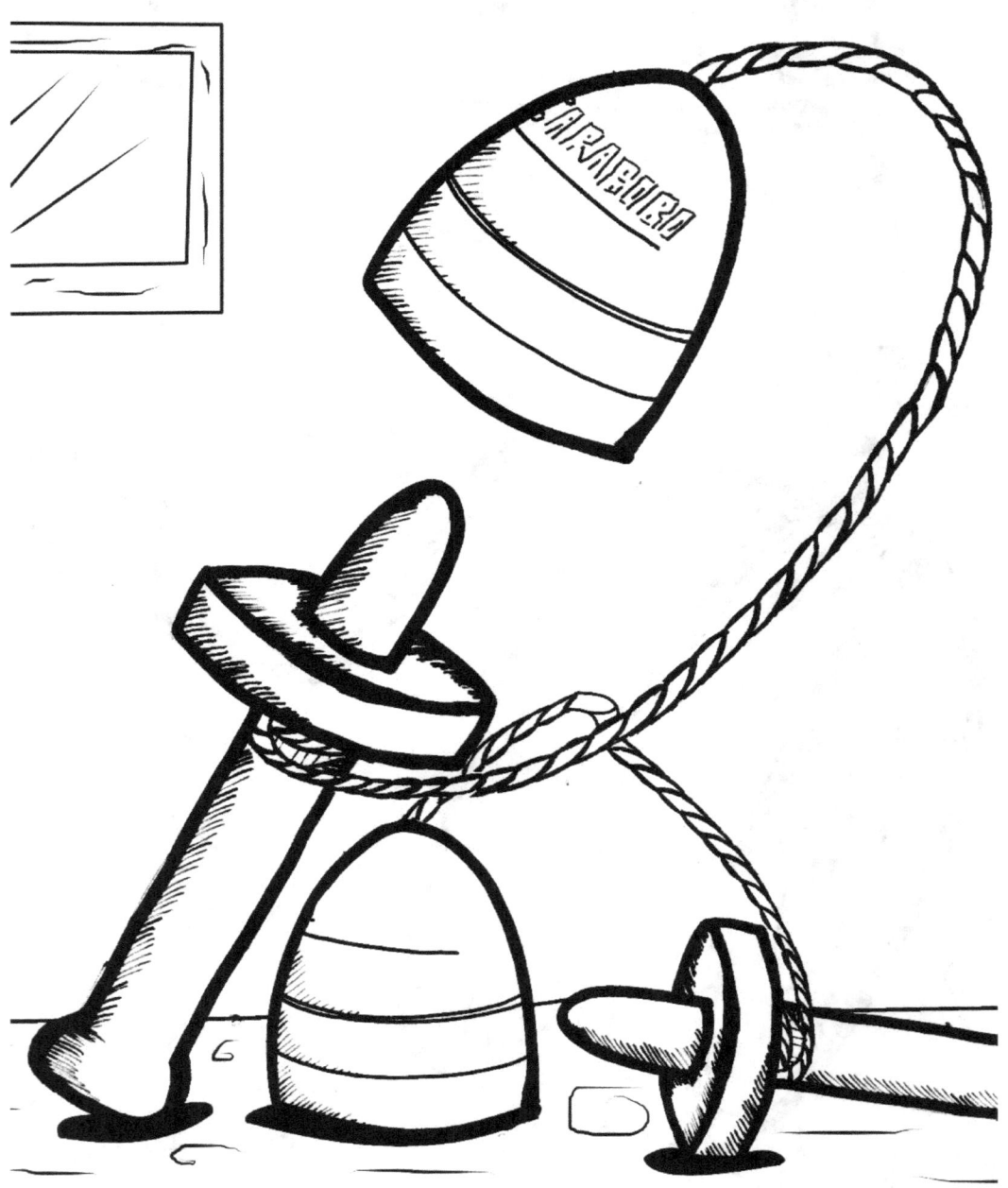

ZARANDA

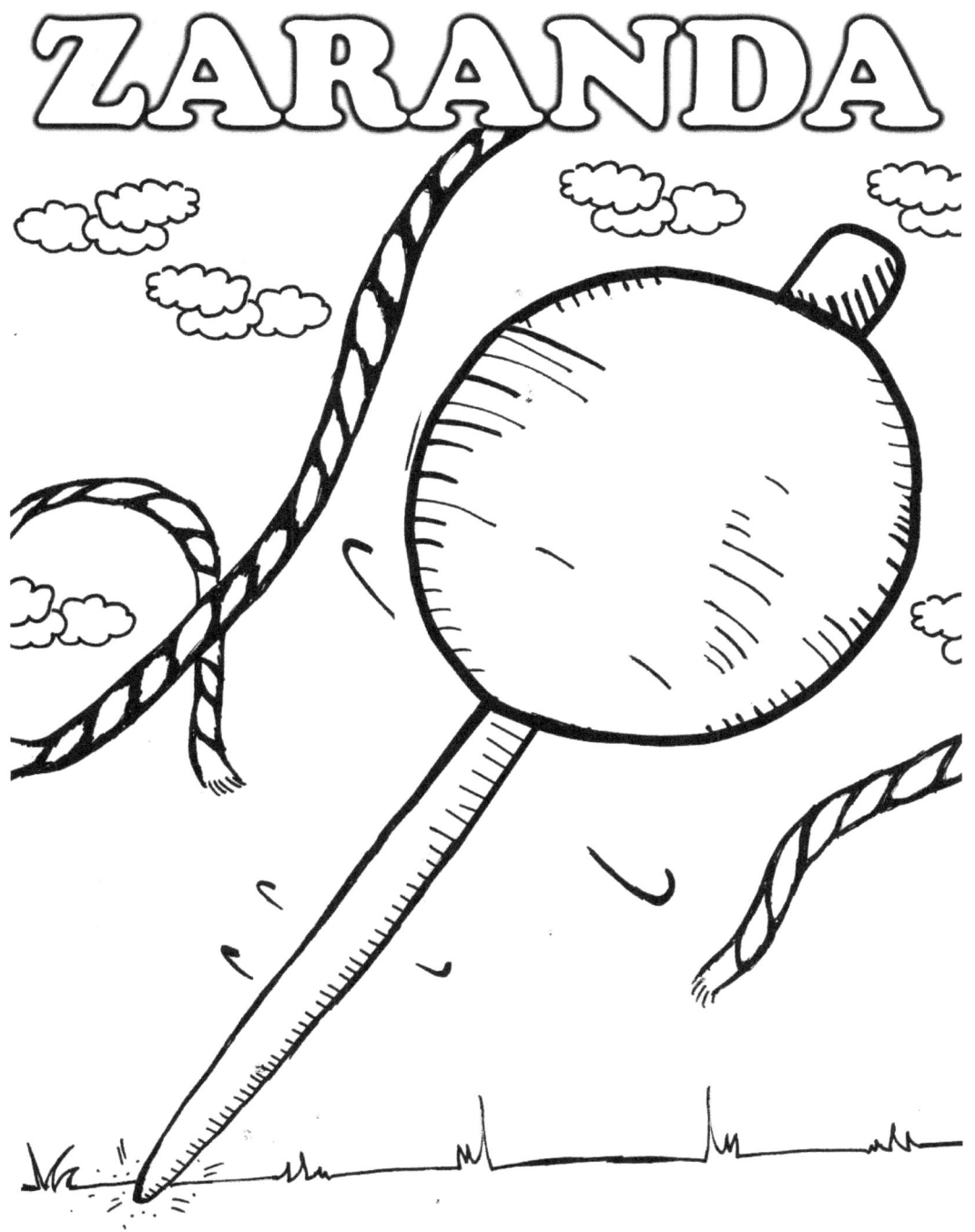

CARRO DE ROLINERA

JUGUETES TRADICIONALES

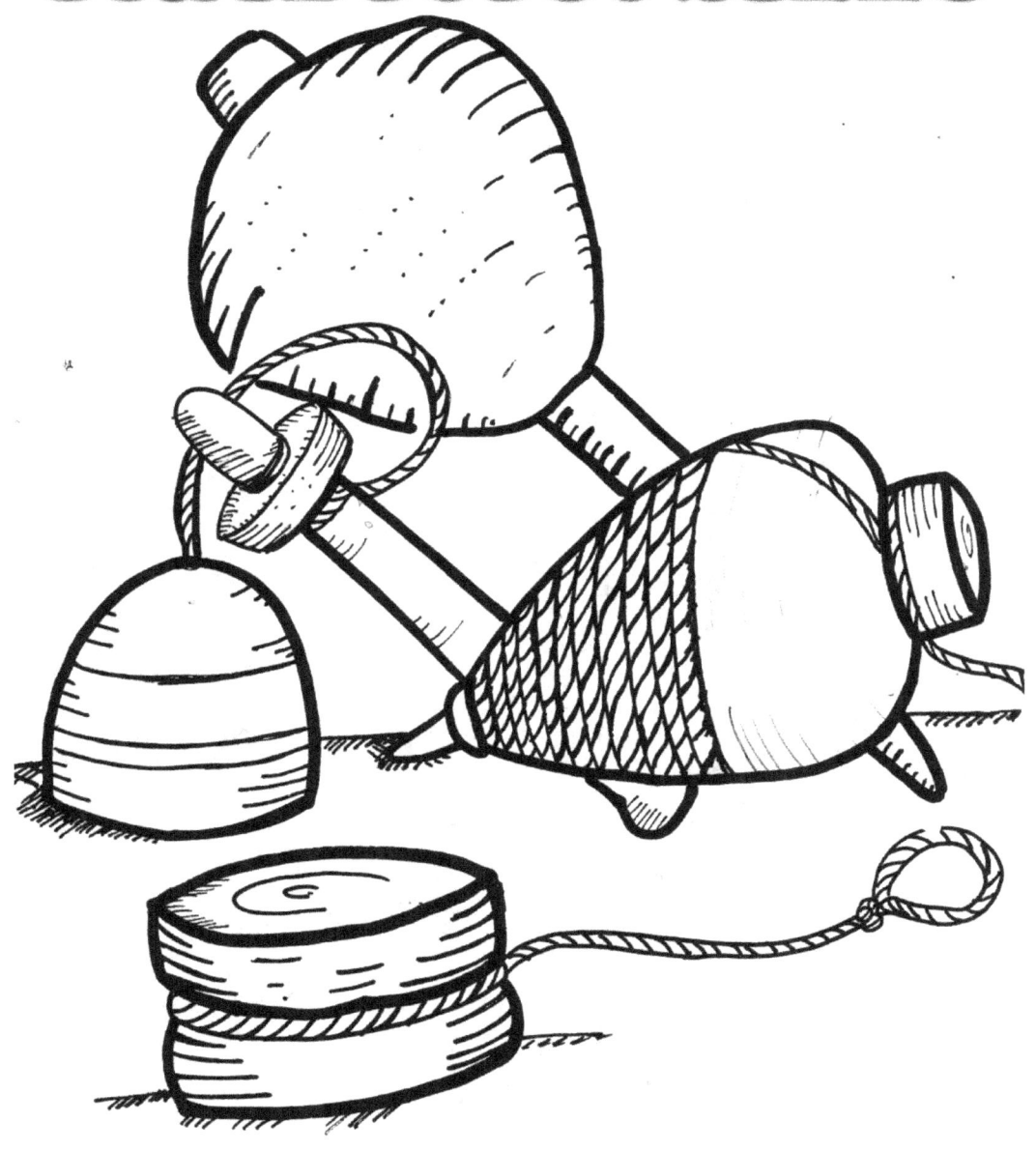

JUGUETES TRADICIONALES

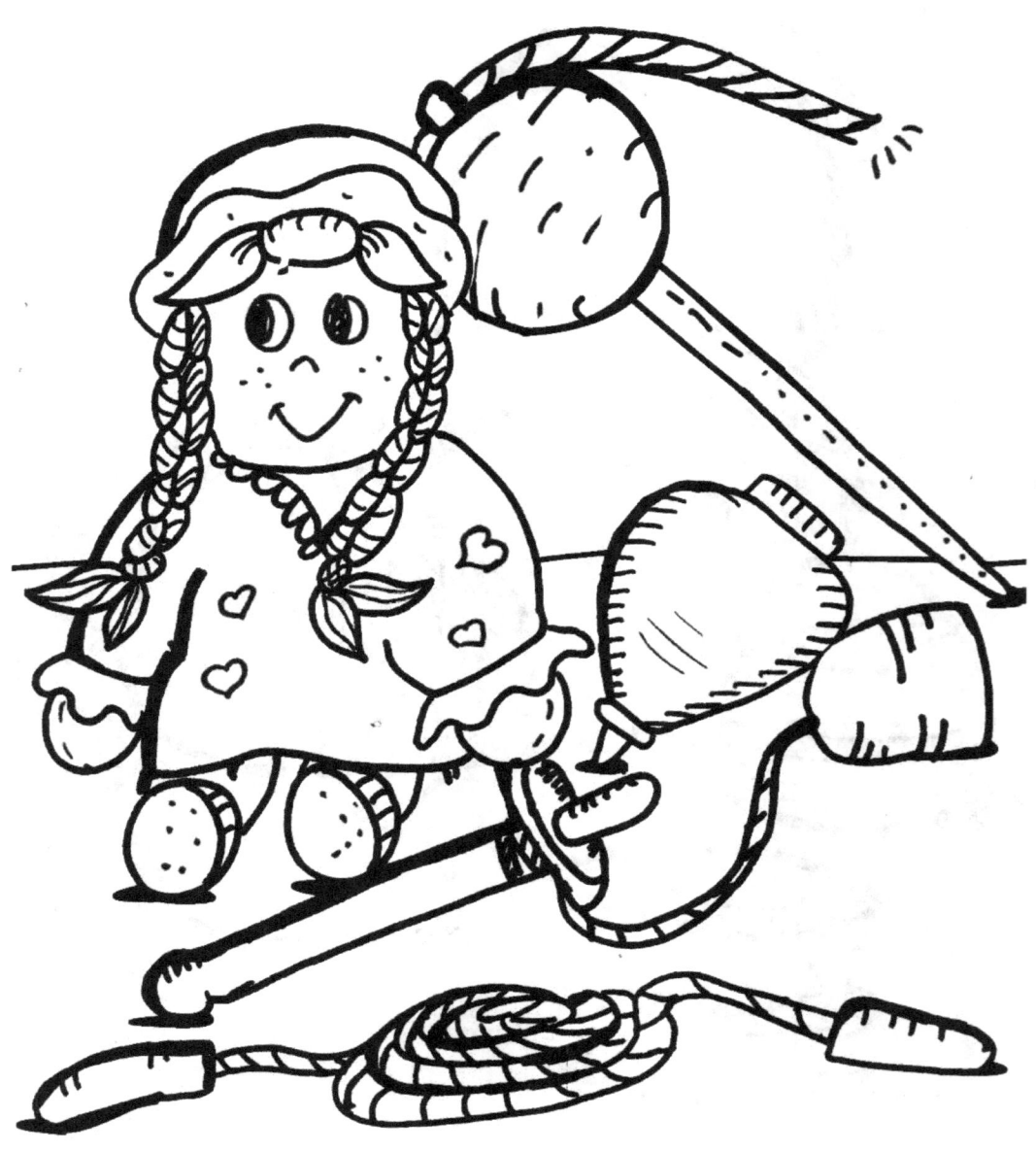

SOPA DE LETRAS

H	B	U	E	N	P	A	P	A	Y	J	C
B	P	E	R	I	N	O	L	A	Y	U	H
T	C	E	N	M	A	N	U	E	L	P	A
O	O	W	W	H	E	R	B	E	A	Y	P
I	M	Q	T	O	N	I	N	P	S	R	I
F	P	E	R	I	K	A	A	O	A	M	T
U	A	Q	M	V	C	G	Z	L	D	A	A
R	R	T	A	X	A	Z	R	I	N	G	G
R	T	T	L	Y	Ñ	C	O	D	A	E	E
U	I	K	O	A	D	N	I	E	R	N	N
G	R	A	K	Z	S	C	P	N	A	T	E
I	A	A	M	I	S	T	A	D	Z	I	R

PAPAGAYO - GURRUFÍO - PERINOLA -
ZARANDA - CHAPITA - AMISTAD - COMPARTIR

SOPA DE LETRAS

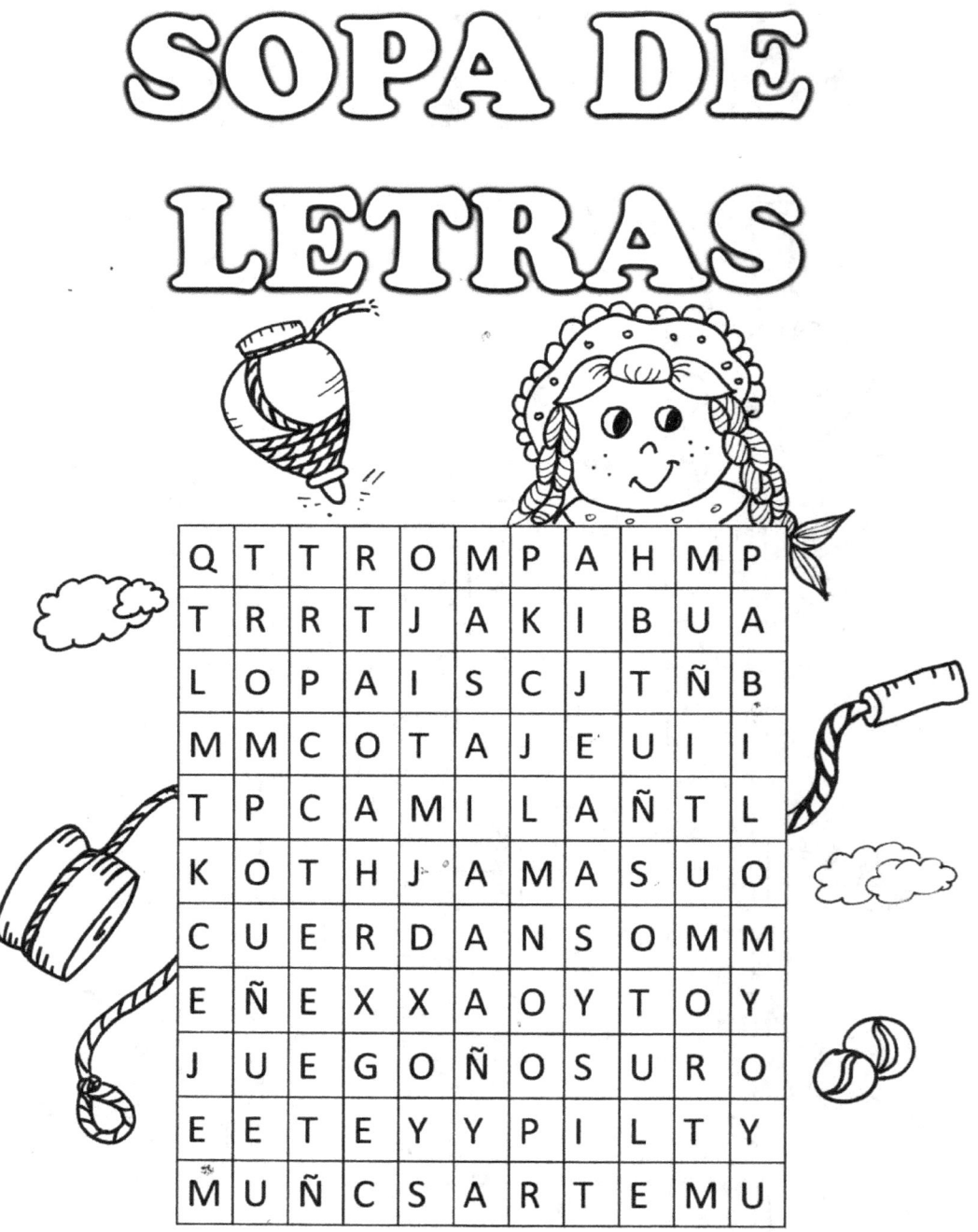

Q	T	T	R	O	M	P	A	H	M	P
T	R	R	T	J	A	K	I	B	U	A
L	O	P	A	I	S	C	J	T	Ñ	B
M	M	C	O	T	A	J	E	U	I	I
T	P	C	A	M	I	L	A	Ñ	T	L
K	O	T	H	J	A	M	A	S	U	O
C	U	E	R	D	A	N	S	O	M	M
E	Ñ	E	X	X	A	O	Y	T	O	Y
J	U	E	G	O	Ñ	O	S	U	R	O
E	E	T	E	Y	Y	P	I	L	T	Y
M	U	Ñ	C	S	A	R	T	E	M	U

TROMPO - PABILO - YOYO - CUERDA
MUÑECA - JUEGO - METRAS

18

ESCRIBE TU CUENTO

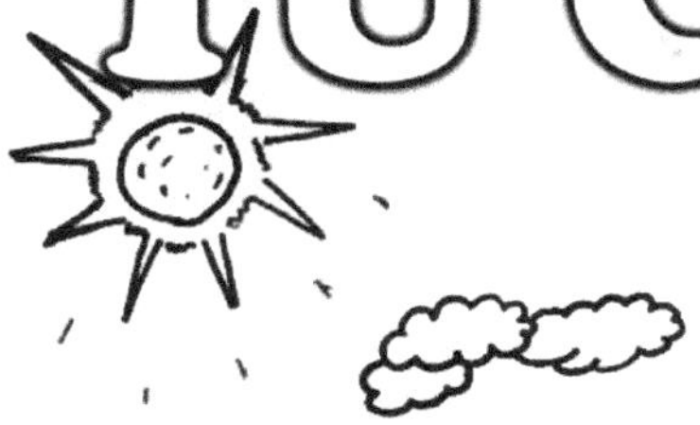

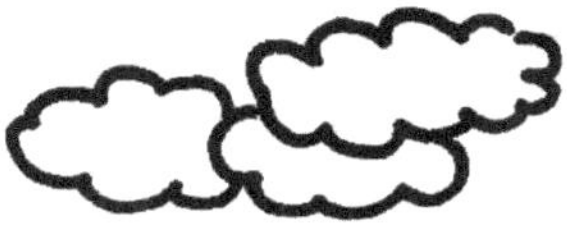

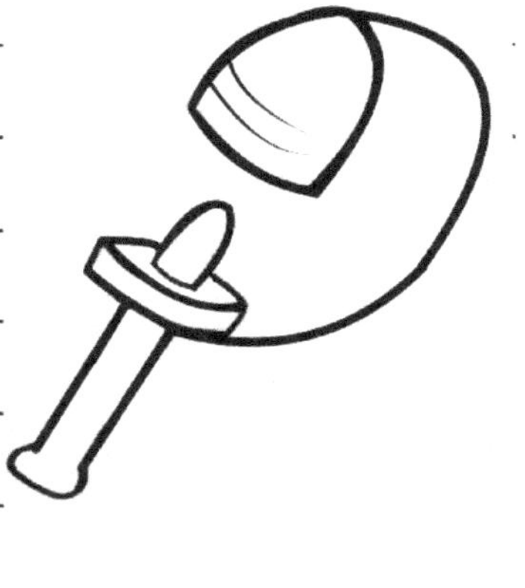

_____

_____

_____

_____

_____

_____

_____

_____

_____

_____

_____

ESCRIBE TU POESÍA

ESCRIBE UN RECUERDO FELIZ

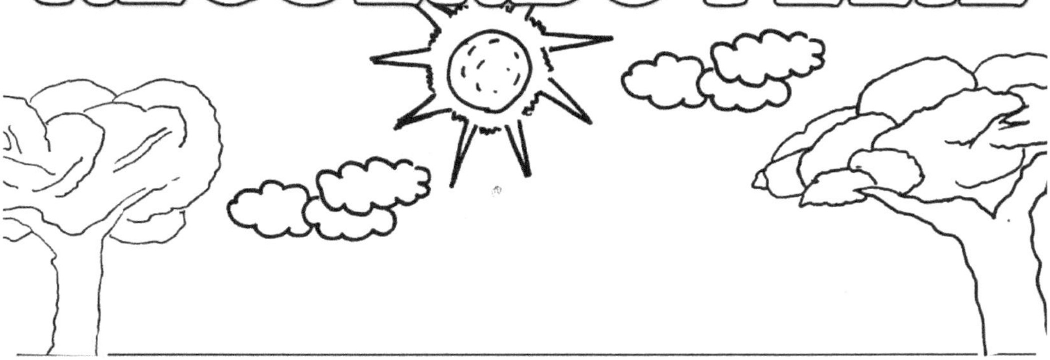

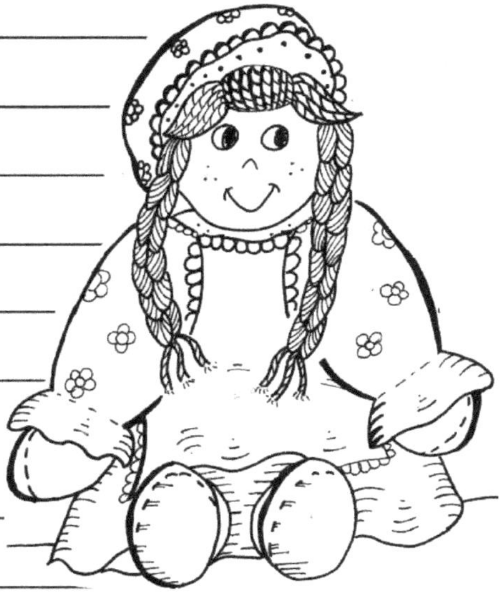

_____

_____

_____

_____

_____

_____

_____

_____

_____

_____

_____

_____

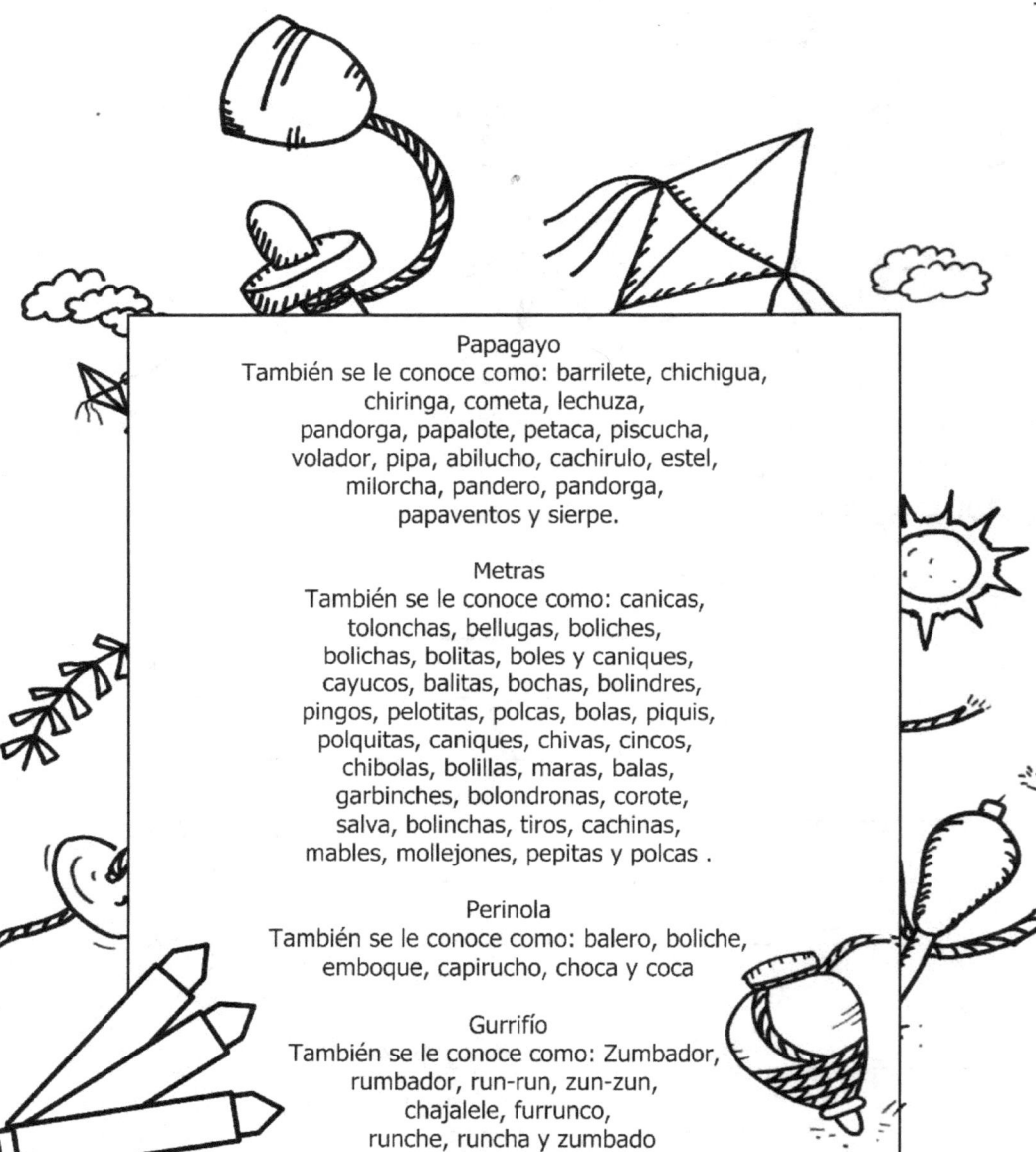

Papagayo

También se le conoce como: barrilete, chichigua, chiringa, cometa, lechuza, pandorga, papalote, petaca, piscucha, volador, pipa, abilucho, cachirulo, estel, milorcha, pandero, pandorga, papaventos y sierpe.

Metras

También se le conoce como: canicas, tolonchas, bellugas, boliches, bolichas, bolitas, boles y caniques, cayucos, balitas, bochas, bolindres, pingos, pelotitas, polcas, bolas, piquis, polquitas, caniques, chivas, cincos, chibolas, bolillas, maras, balas, garbinches, bolondronas, corote, salva, bolinchas, tiros, cachinas, mables, mollejones, pepitas y polcas .

Perinola

También se le conoce como: balero, boliche, emboque, capirucho, choca y coca

Gurrifío

También se le conoce como: Zumbador, rumbador, run-run, zun-zun, chajalele, furrunco, runche, runcha y zumbado

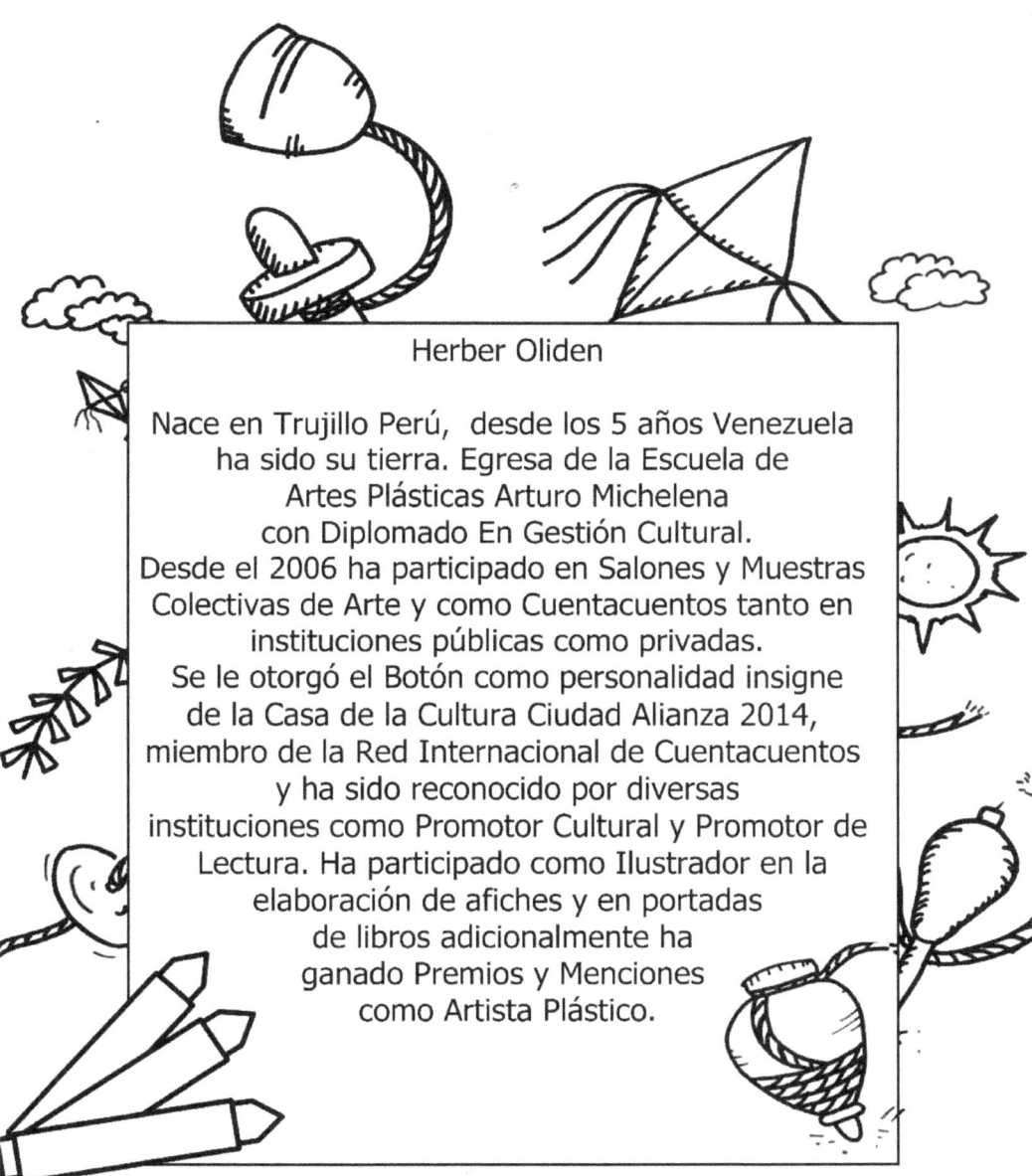

Herber Oliden

Nace en Trujillo Perú, desde los 5 años Venezuela
ha sido su tierra. Egresa de la Escuela de
Artes Plásticas Arturo Michelena
con Diplomado En Gestión Cultural.
Desde el 2006 ha participado en Salones y Muestras
Colectivas de Arte y como Cuentacuentos tanto en
instituciones públicas como privadas.
Se le otorgó el Botón como personalidad insigne
de la Casa de la Cultura Ciudad Alianza 2014,
miembro de la Red Internacional de Cuentacuentos
y ha sido reconocido por diversas
instituciones como Promotor Cultural y Promotor de
Lectura. Ha participado como Ilustrador en la
elaboración de afiches y en portadas
de libros adicionalmente ha
ganado Premios y Menciones
como Artista Plástico.